ニーマイヤー
104歳の最終講義

空想・建築・格差社会

オスカー・ニーマイヤー

アルベルト・リヴァ 編 ｜ 阿部雅世 訳

平凡社

IL MONDO É INGIUSTO : A cura di Alberto Riva
by Oscar Niemeyer

© 2012 Arnoldo Mondadori Editore S.p.A., Milano
© 2013 Mondadori Libri S.p.A., Milano

Japanese language edition published by arrangement with
Arnoldo Mondadori Editore, S.p.A., Milano
via Tuttle-Mori Agency, Inc., Tokyo

目 次

空想とはなにか ——————————— 07

大多数の人々 ——————————— 11

「世の中を変えたいのです」 ——————— 15

美は機能する ——————————— 25

先駆けたものたち ————————— 33

未来を発明する ——————————— 39

104歳 —————————————— 45

問い —————————————— 51

宙に絵を描いていた少年　アルベルト・リヴァ —— 55

編集ノート ————————————— 87

訳者あとがき ———————————— 90

生きることは戯れごとではない。
真剣に受け止めよ。

真剣に生きるとは、どういうことか。
それは、たとえば、人が70歳の老人になってなお、
オリーヴの木を植える、ということ。

自分の息子たちに、なにかを残すためではない。
恐れつつも、死を信じず、
死ぬことよりも、生きることのほうが
ずっと重いことを信じるがゆえに、
老人になってもなお、木を植え続けようとする。
そういう生き方のことである。

ナジーム・ヒクメット[*1]
Nâzım Hikmet 1902-63

訳注
*1　ナジーム・ヒクメットは、1951年度国際平和文化賞を受賞した20世紀を代表するトルコの詩人。この On Living という詩は、「チェルノブイリ・ハート」というドキュメンタリー映画の冒頭で読まれた詩でもある。

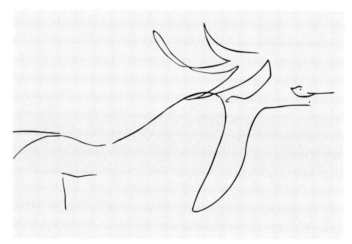

Oscar Niemeyer's drawing on the wall of his Copacabana studio in Rio de Janeiro, Brazil.
photographer : Zoran Milich / Alamy Stock Photo

空想とはなにか

鉛筆も持たず、紙もないところで、私は絵を描いていた。
宙に腕をふり上げて、力いっぱい絵を描いていた。

母は聞いた。「坊や、なにをしているの?」
「絵を描いているんだ」
私は答えた。
おかしなことを言う子ね、とでも言うように、母は微笑んだ。

私が今までに描いてきたおびただしい数の建築のスケッチの記憶をたどると、最後にはそこに行きつく。そのときに宙に描いた絵が、目の前に蘇(よみがえ)ってくる。そして私は、頭の中でその絵に修正を加える。

私のデザインは、まずは自分の頭の中、空想の中で、絵を描くことから始まる。それをずっと続けてきた。子どものころと同じやり方で。時間つぶしの手遊(てすさ)びのように。それは、私が生涯を通して、人生すべての時間をつぶしてきた手遊びだ。

私の政治に対する情熱も、空想の中で深く考える活動の一つとして生まれたものだと思う。なぜなら、なにがうまくいって

いて、なにがうまくいっていなくて、そして、それを改善するためにし続けなければならないことはなにか、それを知るためには、空想の中で思い描いたものの細部の細部にまで、しっかりと目を凝らさなければならないからだ。

　私は「建築は重要ではない」と生涯繰り返し言い続けてきた。建築はきっかけである。重要なのは人々の日常の暮らしであり、人間である。建築は政治的な機能を持ち得るものだ。なぜならそれは、人と人の暮らし方に、大きく関わるものだから。

　家政婦や使用人のための部屋であっても人の暮らしの場としての要件を満たしていなければならぬと定められるようになった時代、そのような法をすり抜けるための常套手段として広く行われていたのは、その部屋を図面上で「倉庫」として設計しておくことだった。つまり、その部屋を、家事という仕事に向かう小さな救急車のような機械の収納場所にしてしまうことだった。しかし、そこに収納される機械とは、過去の時代の、私たちの貧しい兄弟だけを指すのではない。それは、人間性に欠けた現代の都市に暮らす私たち各々が置かれている状況そのものでもある。

　これは、1950年代に私が編集長となって刊行した建築誌「モーデュロ Módulo」の巻頭にのせた問題提起の言葉である。この提起は、今日の新しい建築誌「ノッソ・カミンホ Nosso caminho」にも引き継がれている。

建築家が製図板に向かって図面をひくとき、決して忘れてはならないことは、人は機械ではないということである。人は、「家」と呼ばれる、より堅牢な機械[*1]によって守られる「機械」ではない。人は心と感情を持ち、正義と美に飢え、快適さと刺激を渇望する不思議な生き物である。これを決して忘れてはならない。

　空想とはなにか。
　そう問われたら、私はこう答える。
「空想とは、よりよい社会を探求する力である」と。

訳注
[*1]　ル・コルビュジエ Le Corbusier の著作『建築をめざして』の中にある言葉「住宅は住むための機械である」を踏まえて、暗にル・コルビュジエを批判している。

The Latin America Memorial, São Paulo, Brazil. photographer : Thiago Leite / Shutterstock.com

大多数の人々

　今日の社会は、人が人として生きることを脅かす大きな問題を抱えている。それは、資本主義経済の市場原理が発展した果てに現れた、実にひどい問題だ。ごく少数のものがすべてを持ち、残りの大多数はなにも持たない。「持つもの」と「持たざるもの」の巨大な格差。そして多くの場合、持つものになろうとするならば、搾取をしなければならない。今、世界中で起きていることは、根本的にどこか大きく間違っている。

　私は、お金に価値の重きを置いたことはない。そもそもお金を持っていないし、金持ちになったことも、なるつもりもない。お金は「来るべき次の世代のために使われる」という、たった一つの場合においてのみ、決定的な力となるものだ。それ以外の場合においては、ただ人々に苦しみをもたらすだけのものでしかない。

　利に利を生み続けさせるための消費。どこかでこれを止めなければならない。金融に群がるものたちが世界の行方を決める一方で、大多数の人々がなにも持たず、生きることすらままならない状況に押しやられている。

こんな世の中は間違っている。

地球上のある場所では、人々の生活状況は少しばかりよくなっている。それはここブラジルにおいてもである。しかし、世の大多数の人は、貧しく、なにも持たず、食べるものにも事欠いている。私たち建築家が寄り添わなければならないのは、この大多数の人々だ。その大多数とは、明日の自分自身、わが子どもたち、わが孫たちである。今はたまたまそうではなかったとしても。

まわりを見回してみるがよい。世界中に点在する、おびただしい数のスラム。ブラジルの大都市にも、アフリカにも、インドにも、そして、ヨーロッパの都市の郊外にも。そして、一見そうは見えない場所においても、世界中のあらゆる場所で、音もなく、果てしなく増殖している。都市のスラム化は経済問題ではない。最も深刻な建築の問題である。

人々が力を合わせ、助け合うということは、このような時代にこそ大きな価値を発揮する。それは、私たちは一人ではないことを意識すること、手を伸ばせばいつも助けられる人が、助けてくれる人が、そこにいることを自覚することだ。

17歳のとき、私は地元の救急隊の一員だった。私たちが住んでいた地域では、より貧しい人たちを助けるグループが、いつも自主的に組織されていた。私自身は、幸運なことにわりあいと恵まれた家で育った。祖父は司法官で、祖母は信心深いクリ

スチャンだった。日曜になると祖母は、家の広間を開放して小さな礼拝堂にした。そして、町の名士たちがミサにやってきた。私はとても規律の厳格な修道会の学校で学んだが、その当時から考えていたのは、「誰もが平等なチャンスと権利を持つべきだ」ということだった。

今日、建築の見かけばかりが重要視されている。まるで、かつて権力を誇示するために建築が使われていた時代に逆戻りしているかのようだ。たとえばファシズム建築。一度も魅力を感じたことはない。政府や国家の権力を象徴するために、ある種の美を不適切に利用した例と言えるだろう。

しかし、見かけというのは本当のところなんの意味も持っていない。ましてや、そのために使われたお金の額などは、私たちの目の前にあるものを理解するための尺度には、決してならない。まず理解しなければならないのは、生において、死において、過ぎ去った時間において、誰もが同じように生まれて死ぬという自然の摂理の壮大さの前では、私たちはかくもはかない生き物であるということだ。

壮大な宇宙の前では、私たちは蟻(あり)ほどにも大きくない。

The Cathedral in Brazilia. photographer : Rudolf Dietrich, February 2 1969

「世の中を変えたいのです」

　建築はすべての人に享受されるべきものだが、「持つもの」ばかりが享受の機会に恵まれているのが多くの場合の現実だ。かつて王子や王様の下僕として働いていた建築家は、今日、金持ち、政府、企業を施主として、彼らを満足させる仕事をする。その一方で、「持たざるもの」、すなわち貧しいものは、スラムに隔離されひどい生活を強いられている。つまり、建築家の本当の使命は、ほとんど果たされていないのである。これが、「建築は重要ではないが、きっかけをつくることができるものである」と私が繰り返し述べる動機だ。

　建築家が、自らの仕事を政治的な社会活動に変換できることを意識したときに初めて、建築はその機能を果たすことができる。

　私は、政治はあらゆる専門職の一部であると思っている。建築の大義においては、人間の生活の根源的な環境の一つである社会について建築家が行動を起こした瞬間から、政治は建築の一部分となり始める。

　都市、利便性、日々の暮らし、私たちそれぞれが生きるための場所。それが建築家の戦場だ。そこに陣を張り、人々の日々

の生活を脅かすすべてと闘う。それが建築家の仕事だ。

　私は若いころ、目にしたさまざまな政治的な腐敗を正したいという感情に押されて、カール・マルクス Karl Marx の思想に興味を持ち、ルイス・カルロス・プレステス Luís Carlos Prestes[*1]が興したブラジル共産党に入党した。

　プレステスは、下級将校たちの1924年の革命運動を指揮して「希望の騎士」と称された活動家で、建築家としての私がどう政治をとらえなければいけないかを意識させてくれた人だった。彼は、ブラジル共産党を興す前の1930年代から、地下組織を結成して腐敗しきった政府と闘っていた。二度の革命を成し遂げたロシア帝国へ行き、そして、ブラジルに戻ってきた。軍事クーデターを起こして議会を解散させ、独裁政治を行っていたグトゥリオ・ヴァルガス Getúlio Vargas[*2]政権を倒すためだった。しかし、ユダヤ系ドイツ人の妻オルガ・ベナリオ Olga Benário とともに逮捕され、オルガは子をはらんだままドイツへ送還され、アウシュヴィッツ強制絶滅収容所 Auschwitz Birkenau German Nazi Concentration and Extermination camp で死んだ。

　第二次世界大戦後、ブラジル共産党はほんの一時、政権内の一政党として認められる地位[*3]にあった。

　プレステスは、党の同志であった作家のジョルジェ・アマード Jorge Amado[*4]らとともに、1946年の制憲議会に参加した。当時から、ジョルジェと私は深い友情で結ばれていた。

　しかし、試練は終わってはいなかった。1964年に独裁軍事政権

が権力を握ると、ブラジル共産党は再び政権から排除され、プレステスはソビエトに亡命した。恩赦を受け、やっとブラジルに戻ることができたのは1979年になってからのことだった。そして、戻ってきた彼が最初に探したのは私だった。

　30年代、彼が初めて私のスタジオにやってきたときのことを覚えている。私は、名士を迎えるときのような最大の敬意をもって、彼を迎えた。プレステスは私より年上で、まさに指導者だった。若かった私は、彼のことをシニョーレ Signore という敬語で呼んだ。すると彼は「おいおい、シニョーレなんていうのは、奴隷が地主に使う言葉だよ」と冗談めかして言ったものだ。

　ソ連から戻ってきたばかりの彼が抱えていた問題は基本的なものだった。まずは、住んで仕事ができる家が必要だった。彼は、自分が昔住んでいたアパートを買おうとしたが、もう売れてしまっていた、と言った。「買う必要はありませんよ」と私は言った。「そのアパートはもうあなたのものですから。あなたのために、私が買っておきました」。

　友の力になれることは、私の一つの理想だ。それは、私の大きな喜びだ。もちろん、いつもできることではないが、そうやって友を助けることは、特別なことではなくて、いつでもそうできる自分でありたいと思っている。なぜなら、私たちはみな、生と死という同じ運命を背負った兄弟なのだから。ルイス・カルロス・プレステス。彼は「平等」という第一信条をもって、私

に強烈な影響を与え続けた人だった。

　友に助けられたこともある。私が助けを必要としたときはいつも、友となった誰かが手を差し伸べてくれた。1964年、軍がブラジルの政権を掌握したとき、私は国外にいた。フランスに向かう船の中にいた私の力になってくれたのは、シャルル・ド・ゴール Charles de Gaulle 政権で文化大臣を務めていたアンドレ・マルロー André Malraux だった。船がパリに到着すると、マルローは、私がフランスに滞在して仕事ができるようにと、特別なビザにサインをしてくれた。彼は、文化と繊細さと世界に対する関心を持ちあわせた本当に稀有な人で、私が記憶する中で、最も情に厚い人だった。彼が書いた小説『人間の条件 La Condition Humaine』は私の愛読書だ。

　そうしているころ、リオ・デ・ジャネイロ Rio de Janeiro では、私のスタジオと建築誌「モーデュロ」の編集部の上と下に軍が居座り、建築を含む一切の私の活動が禁止されていた。40年代から、私が共産党員の一人として活動に従事していたからであるが、私は、自分の考えや、党員であることを隠そうとしたことはなかった。そして、そのために何度も仕事のチャンスを失った。

　数か月後にブラジルに戻ると、軍事警察に召喚され、尋問にかけられた。尋問室の長いテーブルを覚えている。テーブルの一方には警察が、その向かい側には私がいて、軍警察の士官が最初に私にした質問は、こうだった。

「さて、ニーマイヤー。つまるところ、あなたはなにがしたいのだ」

私は、答えた。

「世の中を変えたいのです」

するとその士官は、上官のほうを向くと「世の中を変えたいのだそうです」と、皮肉たっぷりに私の言葉を繰り返した。その場の空気は緊迫した。自分の考えが正しいという確固たる信念をもって、その正当性を主張するために私は何度も警察に出頭したが、結局、国を離れなければならなかった。次に起こることを恐れる余裕はなかった。長い闘いになった。1978年11月15日の選挙で強権統治に対する国民の拒絶が明らかになると、ブラジル共産党は再び議会に戻ることができたが、国の自由を取り戻すにはまだ及ばなかった。

ブラジルの国民は疲弊し、独裁権力の下にいることに疲れていた。軍が支配する独裁政権は、ブラジルを植民地時代に引き戻した。国の経済の厳しい現実はプロパガンダで巧妙に隠され、軍関連に従事するものだけに利するような、ウソの経済成長の指標ばかりが宣伝されていたのだ。

政治に携わるすべての個人の権利を保障し、表現の自由を確立する新しい法律が必要だった。すべての反対勢力の息の根を止めるために導入された1968年の軍政令第5号[*5]を破棄する必要があった。1964年に始まった独裁政権は、1968年以降、より強力に、抑圧的に、暴力的になっていた。

1978年の野党が勝利した選挙の後、ブラジル共産党は二つのことを政府に要求した。一つは恩赦である。国外に追放された国民が帰国を赦され、新しい道をつくることに参加できるようにしなければならなかった。そしてもう一つは、表現と集会と結社の本当の自由を再構築した新しい憲法憲章である。どちらもやがて日の目を見た。1979年には恩赦法が、1988年には新しい憲法憲章が制定された。

　あの士官の「世の中を変えたいのだそうです」という言葉のトーンを、改めて思い出す。そう、私の願いは世の中を変えることだった。そして確かに、少し変えることができたのだ。

　2002年、労働組合活動家出身のルイス・イナシオ・ルーラ・ダ・シルヴァ Luiz Inácio Lula da Silva[*6]、通称ルーラがブラジル連邦共和国の大統領に就任し、彼の後任にはディルマ・ルセフ Dilma Rousseff[*7]という女性が選ばれた。ルセフ大統領は私たちと思想を同じくし、かつて同じように軍によって拷問を受けていた女性である。

　今日、この国を治めるのは彼女だ。私たちの唇に微笑みが戻ってきた。

　しかしながら、私自身の闘いは終わっていない。それは、通りへ出てプロテストを叫ぶようなものとは異なり、私が心の平和を感じるまで続く「意識」との闘いだ。

　私たちはみな、新しいブラジルをスタートさせることに尽力した、前大統領ルーラの貢献に大きな敬意を払っている。しか

し「持たざるもの」の貧困はまだ終わっていない。それはこの国のあらゆる場所をとり囲んでいる。闘いは明快だ。「持たざるもの」はその貧しさから抜け出さなければならず、「持つもの」は占有する富を減らさなければならない。そのためのきっかけを、建築で作ることはできるだろうか。持たざるもの、貧しいもの、疎外されているものが社会の隅に取り残されることなく、社会の建設に参加する、そういうまっとうな望みがかなえられる世の中、それを受け入れることはそんなにむつかしいことだろうか。

　持つもの、富めるものが、特権の高みから世界を永遠に支配する世の中が、未来永劫続くなどということがあり得るものだろうか。

The Cathedral in Brazilia. photographer : Alf Ribeiro / Shutterstock.com

訳注
* 1 Luís Carlos Prestes　ブラジルの政治家（1898-1990）。1924年、ブラジルの革命運動に参加し「希望の騎士」と呼ばれた。ソ連からの帰国後、民族解放同盟議長に選ばれるが、36年に逮捕され、45年に釈放された。
* 2 Getúlio Vargas　ブラジルの政治家（1882-1954）。1930年、軍事クーデターでブラジル大統領に就任（〜45年）。51年からは選挙で大統領に選ばれたが、54年拳銃自殺。
* 3 1945年12月の大統領選挙で当選したエウリコ・ガスパル・ドゥトラ政権下でブラジル共産党は与党となったが、47年5月、非合法化された。
* 4 Jorge Amado　20世紀ブラジルを代表する小説家（1912-2001）。初期からブラジル共産党の活動に参加。『革命児プレステス——希望の騎士』などを著した。1977年にはノーベル文学賞候補となった。その他の代表作に『果てなき大地』『フロル婦人と二人の夫』など。
* 5 1968年12月13日に布告されたこの軍政令では、国会が閉鎖され、軍や政府への反対者をただちに追放、報道機関は統制下に置かれた。さらに人身保護法が一時停止され、裁判権が軍事法廷に移された。多くの政治家や活動家、ジャーナリストが逮捕されたり、または亡命を余儀なくされた。
* 6 Luiz Inácio Lula da Silva　ブラジルの政治家（1945-）。1980年、労働者党を結成、89年には大統領直接選挙の復活を実現。2003-10年、ブラジル大統領。
* 7 Dilma Rousseff　ブラジルの政治家（1947-）。非合法左翼ゲリラに参加後政治家となり、2011年ブラジル大統領に就任。14年に再選されるも、相次ぐ汚職スキャンダルで、16年弾劾裁判で失職した。

Interior of Itamaraty Palace, Ministry of External Relations, Brazilia. photographer : Antonino Bartuccio / SIME

美は機能する

ずいぶんと昔のことになるが、ドイツ人建築家のワルター・グロピウス Walter Gropius をカノアスの自邸 Casa das Canoas[*1]に案内したことがある。カノアス邸は、リオ・デ・ジャネイロをとり囲む大きな森の端の、海に向かって切り立った崖の上の敷地に私が設計して建てた家だ。この家を見ると、グロピウスはこんな感想を述べた。「あなたの設計した家は大変美しいけれど、量産には向いていないね」と。

なんという愚かな感想であろうかと、私は耳を疑った。

「このような敷地に、わざわざ量産用の住宅は建てません」

私は答えた。

「量産用の住宅は、もっと平坦な敷地に建てるべきでしょう」

彼がそのような見方をすることはショックだった。知性の人として知られるグロピウスの口から出た言葉だっただけに、なおのこと驚いた。でも本当のところ、この場所、この敷地のために考えられた、この建物のコンセプトは、彼にはかなり明快だったであろうと思う。

本当に長いこと、私の仕事は「建築というよりは彫刻」と批

評されてきた。それに反論したことはないし、気分を害したこともない。そう言われるのも当然のことで、批評家たちもときには正しいことを言う。しかし、実際には私の考えは違う。私はこんな風に考えている。建築を量産するのは建築家の仕事ではないと。それは技術者の仕事だ。なぜなら、私の観点から言えば、建築は発明であり、建築家の仕事は発明することにある。発明であるという点で、それは芸術だ。

　建築家が、王族や金持ちでない「持たざるもの」のための建築に向かうときにも、同様のことが言える。「持たざるもの」のために設計される公共住宅や公共施設が、より芸術性が乏しく、より質素で簡素である必要などなにもない。そのように言うと、扇動的な温情主義だと言われるかもしれないし、今時のご世世にはそぐわない考え方なのかもしれないが、実用的な建築は簡素であれば充分、美しくある必要などないなどと、いったい誰が決めたのか。個々の建築のできぐあいやスタイルが今日の都市を醜くしているのではない。その醜さの根源にあるのは、社会的な格差である。格差に基づく社会的な関係。「持つもの」と「持たざるもの」の暮らしが分け隔てられていること。それも、距離的に隔てられているだけではなく、建物の外観にもくっきりと格差が表現されている。

　ある都市では、その醜さは痛々しいほどだ。たとえば、ここリオ。「持つもの」は海を望む土地に暮らし、「持たざるもの」は山の背面にこびりつくようにして暮らしている。そのように

都市が作られている。

「持つもの」と「持たざるもの」の間に、ある種の差異や恐れが存在することは否定できない。しかし本来、建築において「異なる」ということは、問題ではないはずなのだ。現代的な建築を古典的な建物の隣に建てることは、個々の建築の魅力を互いに際立たせることを意味する。

多様性は都市を豊かにする。それは、型にはまった思い込みから都市を自由にするものだ。

ずいぶんと昔の話だが、オウロ・プレト Ouro Preto[*2]という、植民地時代につくられた町に新しいホテルを建設する計画があって、私が呼ばれた。自治体の役人たちは、伝統を尊重した建物を望んでいた。しかし、周辺の植民地時代の建物の美を対比によって引き立たせ、伝統の美を否定しない現代的なホテルをつくろうという私の提案が、最終的には受け入れられた。

建築は、バランス、プロポーション、ハーモニーという永遠の法則に基づくものである。

それは、過去の建築の中に発見できる法則で、空っぽにするか密にするか、面にするか透明にするか、直線にするか曲線にするか——、それは彫刻や絵画や地彫りのような細部にも見られる。さらに、構造体にも、装飾にも見られる法則である。

良い見本となるのは、15世紀に建てられた、ヴェネツィア Venezia のパラッツォ・ドゥカーレ Palazzo Ducale であろう。この万古不易の傑作建築は、軽やかで美しいアラベスク調のアー

チと、上層階の巨大な一枚壁との暴力的ともいえる対比で、新しい美を創造したものだ。

この建築の設計者が今も生きていたら、現代の建築家の純粋主義、シンプル一徹のドグマに対してなんと言うだろうか。

建築は、簡素で美しくあってもよい。それは、アイディアの起点をどこに置くかにもよるが、簡素さと多様性は相反するものではなく、共存できるものだ。私のアイディアの起点は、発見や驚きに満ちあふれ、想像を超えるような美と芸術に向かう緊張感にある。「想像を超えたものであること、驚きと発見に満ちていることは、美の基本的要素であり、特徴である」とは、フランスの詩人ボードレール Charles Baudelaire の言葉である。そのような美が、私の建築の基本要素である。そうして、「持つもの」も、「持たざるもの」も、そこを通りかかるすべてのものが、その美の前で息をのんで驚き、感心し、一瞬立ち止まる。自分自身の中にあるなにかを、その美に反映させるために。

パラディオ Andrea Palladio*3 の建築に据えられた、絵画や彫刻の芸術性と、建築そのものの芸術性。建築と芸術が出会う一瞬。特別な瞬間だ。

パンプーリャ Pampulha の大聖堂*4 のプロジェクトを手がけたとき、私は、ステンドグラスの装飾を、カンディド・ポルチナーリ Candido Portinari*5 に依頼した。才能にあふれ、素晴らしい作品を次々と生み出している、ブラジルの若い画家だった。それは非常にモダンで、斬新すぎるものだったので、当時の教

会当局は奉献することを拒んだ。さらにそのステンドグラスの下での礼拝も禁じたが、のちには考えを改めた。

　場所が許すなら、モニュメントとしての建築も、美として成り立つ価値を持っている。「感情をかきたてるようなモニュメントとしての建築を」という仕事の依頼に対して、私はしり込みをしたことはない。もちろん、サンパウロ São Paulo のラテンアメリカ・メモリアル Memorial da America Latina のように、モニュメントとしてそこに存在する正当性がある場合に限ることだが。そのような建築を創り、そして、そこを通る人々誰もが、これはなんだと驚き、心からその発見を楽しんでいる様子を見るのが私は大好きだ。

　フランスのジョルジュ・ポンピドゥー Georges Pompidou 大統領が、私が設計したフランス共産党本部 Siège du Parti Communiste Français の建物について述べた感想を思い出す。彼は、共産党に対する反感を隠すこともなく、半分冗談で、しかし半分まじめに、こう言ったのだった。「これは、フランス共産党が実現したものの中で、唯一の美しいものだね」。

　どんなに小さな規模の作品であっても、その美は壮大なものであり得る。ミナス・ジェライス Minas Gerais 州のサバラ Sabará[*6] という小さな町にある、植民地時代の忘れられた小さな教会がそれだ。ノッサ・センオラ・ド・オ Nossa Senhora do Ó という名のその教会は、祭壇があるだけの本当に小さな教会だが、かように美しく、この小さな町の価値そのものになっている。

建築は、機能や使い勝手がよいというだけでは不十分なのだ。建築においては、美もまた、積極的な有用性を持つ、役に立つ要素である。美は、贅沢が許されるときにだけ付け足されるようなものではない。遠い昔に建てられたある教会、ある建物が、現在ではまったく違った用途で使われている。機能や使い勝手を変化させながら、今日まで現役の建築として生き続けている。このようなことがなぜ起こるのか。それは、ある時代の機能が永遠に残ることはなくても、美と、その美に込められた詩が、時間を超えて永遠に生き続けるからである。

訳注
* ＊1　Casa das Canoas　リオ・デ・ジャネイロのニーマイヤーの自邸。岩場に建っており、地形に沿った設計が特徴。
* ＊2　Ouro Preto　リオ・デ・ジャネイロの北約500キロに位置する、ミナス・ジェライス州の都市。ゴールドラッシュ時に建設された町並みが特徴的で、世界文化遺産にも登録されている。
* ＊3　Andrea Palladio　イタリアの建築家（1508-80）。最初の職業建築家と言われる。
* ＊4　サンフランシスコ・デ・アシス教会　A Igreja São Francisco de Assis のこと。パンプーリャはミナス・ジェライス州の州都ベロ・オリゾンテ Belo Horizonte 郊外の地区。点在するニーマイヤーの建築は、「パンプーリャの近代建築群」として世界文化遺産にも登録されている。
* ＊5　Candido Portinari　ブラジルの画家（1903-62）。ニーマイヤーの依頼で制作したサンフランシスコ・デ・アシス教会の作品は、現在では彼の代表作と言われている。
* ＊6　Sabará　ミナス・ジェライス州の州都ベロ・オリゾンテの東にある都市。

The Three Powers Square Pantheon for Homeland and Peace, Brazilia. photographer : Rosalba Matta Machado / Shutterstock.com

The Chapel at Alvorada Palace, residence of the President, Brazilia, 1961.

先駆けたものたち

　キューバ革命後、1965年以降長年キューバの国家元首を務めているフィデル・カストロ Fidel Alejandro Castro Ruz は、私よりも20歳ほど年下の古い友人である。彼は今でも、ラテンアメリカの生ける伝説のような指導者だ。「しいたげられた人々」に味方する若き弁護士であったフィデル、そして彼と志をともにしてキューバ革命を成し遂げた当時の若者たちは、50年以上も前の当時から今日に至るまで、世界のさまざまな場所で、忘れられることのない「先達」であり続けている。彼らは、抑圧的な絶対権力から、若者たちが自らの力で祖国を解放するという、大きな前例を作った「先達」であるが、今日の若者たち——今日の金融システムに潜む最強の帝国主義という大きな脅威に立ち向かう若者たち——にとっての「先達」でもあり得るのではないかと思う。

　格差社会の底辺に押しやられている、現代の若者たちよ。「自分たちで世の中は変えられる」という希望を決して捨ててはならない。きみたちの前に、すでに先駆けたものたちがいるのだから。

　自分の目で世の中を観察し、自分の頭で考えることは本当に

大切なことだ。自分の考えを持ち、より調和のとれた、誰もが暮らしやすい世の中を創造するために、自分の仕事の中で、自分の持ち得る力でなにができるかを考え、活動する。これは、とても大切なことだ。

私は飛行機が大の苦手なのでまだキューバへは行ったことがないが、フィデルはこのスタジオを何度かたずねてくれて、ときには心のこもった小さな贈り物を送ってくれた。とても親切で温かく、人間味にあふれた素晴らしい友達だ。いつかは私もキューバへ、彼をたずねよう[*1]と思う。

フィデルと並んで、チェ・ゲバラ Che Guevara も、人々の記憶から消えることがない「先達」だ。

CIAに指揮されたボリビア軍による彼の殺害は、私が知る限りで最も卑劣なものだった。そのときのニュースのトーンを、今もありありと思いだす。彼の功績をめぐるインテリたちのおしゃべりはお笑い草だが、それでも、チェ・ゲバラは、最も広く語り継がれている偉大な「先達」である。

過去と現代の間には、常に葛藤があり、それは避けられないものである。大きな変革期であった私の時代の建築も、常に闘わねばならぬものに包囲されていた。ル・コルビュジエの永遠の合理性は、正統派の姿勢として理解されている。しかしそれは、あらゆる限界をやすやすと飛び越えて自由や空想や詩に向かう、彼の天才性があってこそ完成された無双の合理性である。

彼はその天才性から生まれたものを、変革期を過ぎたころになって、少し他の人にも分けてくれた、ということなのだろうと思う。

ル・コルビュジエは、ピロティーのような柱の使い方や、自立した構造、ガラスファサード、空中庭園、フリープランといった、新しい道を建築に与えた。彼は、より堅固な構造へ向かっていたが、私はむしろ軽さを目指した。しかし、違いはあっても「美しい人工物の創造」という共通の目標があった。

もう一つ、私たちが共通に目指したことで特筆すべきは、コンクリートの可能性を追求したことである。鉄筋で強化することが可能になった私の世代にとってコンクリートは、それまでの建築には存在し得なかった新しい可能性を開くものだった。その可能性に胸を躍らせる一方で、その豊かさを知れば知るほど、これほど柔軟で可変性に富んだ建築要素が使えなかったにもかかわらず、天然材の可能性に挑戦し、信じられない造形を創りだしてきた古代の建築家たちの仕事に、改めて敬意を払うようになった。

私にとってのル・コルビュジエは、20歳年上の師匠だった。彼の仕事は、コンクリートの可能性を極限まで追求して、近代／現代建築に強さと鼓動を与えるものだ。私は彼の仕事が好きだった。特に、あの吊り構造！

1947年、私たちは、ニューヨークの国連本部のプロジェクトで、チームを組んで仕事をした。いくつかの誤解が取りざたされた

が、アメリカの建築の歴史の本を開けば明らかなように、そのプロジェクトの全体計画として選ばれたのは私の案だった。そしてその後、修正の要求が出て、私はル・コルビュジエによる修正案を受け入れた。このプロジェクトが終わるころ、彼と私、二人だけになったとき、ル・コルビュジエは私を見ると言った。「君はずいぶんと寛大なんだな」。なぜなら、彼が望むような修正を私がなんの抵抗もせずに受け入れたから。しかし、抵抗するには私は若すぎた。そして、なによりもル・コルビュジエは、尊敬する私の師匠だった。

　バウハウス Bauhaus の「住むための機械 machines à habiter」という教義や、ミース・ファン・デル・ローエ Mies van der Rohe の「Less is more」（より少ないことはより豊かなこと）という教義は好きになれなかったが、ミースの建築の仕事は好きだ。彼の家に呼ばれたときのことを、よく覚えている。彼は、偉大なる才能を持った建築家だった。

　しかし建築家は、一人で仕事をするわけではない。建築家の参謀は、構造計算をする技術者だ。私はプロジェクトを空想し、着想し、それを絵に描きおこすが、それが実現できるかどうかを決めるのは技術者だ。技術者は、建築家にはなくてはならぬ腹心の参謀である。かつては、ホアキン・カルドゾ Joaquim Cardozo、そして現在は、ホセ・カルロス・スセキンド José Carlos Sussekind が、私の腹心の技術者だ。私たちは互いの意

見に耳を傾け、たくさんの議論を交わし、互いに納得がゆくまで提案を重ね続ける。しかし、最後に決断を下すのは、彼らだ。なぜなら、その建築が実現できるかどうかのカギを握る責任者であるからだ。

　技術者と私は、仕事仲間である以上の、深い友情で結ばれている。互いの意見を尊重しあえる良い関係にある友情というのは、なによりも大切なものだと思う。相手の意見を即座に判断し、非難するのはたやすいことだ。どうもこのごろは、人を名指して非難し始めるのが早すぎるように思う。レーニン Vladimir Lenin は言った。「もし、ある人が1割肯定的な資質を持っているならば、それは、9割の否定的な資質に匹敵するものだ」と。

　その意見に、全面的に賛成！

訳注
＊1　ニーマイヤーは 2012 年、カストロは 16 年に亡くなり、残念ながらニーマイヤーのキューバ訪問は実現しなかった。

The Oscar Niemeyer International Cultural Centre in Avilés, Spain. photographer : David Pereiras / Shutterstock.com

未来を発明する

　アルジェリア Algeria。1962年にフランスから独立を勝ち取ったばかりのアルジェリア人民共和国は、未来の理想社会を思い描くのにふさわしい、象徴的な場所だった。階級による差別のない、社会的な哲学を創りだす可能性を持った場所であり、資本主義がもたらす特権を作らない民主国家を目指す国だった。

　私が初めてアルジェリアに行ったのは1968年だ。私の愛読書であったアルベール・カミュ Albert Camus の小説に出てくるような目覚めたばかりの新しい国で、自然環境や、土地のにおい、気候や人々の気質という面でも、ブラジルにとてもよく似ていた。

　アルジェリアのウアリ・ブーメディアン Houari Boumédiène[*1] 大統領は、とても紳士的な人だった。両腕を開いて私を迎えると、国の建築のコンサルタントになってくれるよう依頼した。そして、まったくの白紙からプロジェクトにとりかからせてくれた。最初のプロジェクトは、アルジェリアのコンスタンティーネ大学 The University of Constantine のためのものだった。それから、モスクと新しい都市計画を手がけた。

　当時、私がアルジェリアのために思い描いた「未来都市」。そ

れは、小さく、コンパクトで、より人間的で、人のために、人の手で作られる都市だ。押しつけられたよそよそしさのない都市だった。住宅地域とオフィス街や商業地域を、豊かな自然と緑地が巧妙に分けている都市。郊外は道路交通を充実させ、中心街は徒歩で移動できる都市。都市内の移動距離をコンパクトにするために高層化された住宅は、緑に囲まれていて、その周辺には、学校や公園や個人商店やレストランなどといった、人々が出会う場所がある。私が思い描く未来都市には、貧富を隔てる、より美しい住まいやより醜い住まいは存在しない。この都市で暮らすのは、明日の人間だ。

　未来の社会のガイドラインは、暮らしと教育を、最大限に尊重したものであるべきだ。子どもと若者のための良い教育は、社会のすべての基本である。

　しかしながら、そんな未来がまだなお遠い今日の都市の中で、非常に厳しい選択に直面している今の若者になにが言えるだろう。

　今日の若者が直面している最も深刻な問題は「孤独」ではないかと思う。彼らが成長する時期に彼らを導き、寄り添う大人が足りない。彼らを取り囲んでいる問題を共有しようという大人が足りない。

　力を合わせ共創する社会、誰もが等しくチャンスを持てるような社会、それを実現することは、今日の若者たちのためになされるべき最重要課題ではないかと思う。にもかかわらず、世

界は、勝者にならなければ生きることすらままならないような過当競争の中へ、若者を押しやっている。ただ普通に生きて暮らすために、なぜこんなにもたくさんの競争に勝たなければならないのか。

　この状況に立ち向かうためには、若者たち自身がまず、偏見を増長させることなく、世界の誰もが自分と同じように生と死という同じ運命を持った兄弟であることを自覚し、競争ではなく、共創を目指すことを、強く意識する必要があるだろう。

　自分たちにはチャンスがないと言うかもしれない。でも、それぞれが自分の小さな役割を果たせばよいのだ。自分なりのリスクを背負い、自分の考えを持ち、自分の未来を発明する。それだけで、世の中は変わるはずだ。

　今の若者にどんな言葉をかけようか。

　そうだ、私はこう言おう。「なんでもいいからやってみなさい。どんなことでも！」

　小さなことでいいのだ。でも、やってみなければ。私も、若いころからリスクを背負ってやってきた。初めての建築プロジェクト、ベロ・オリゾンテの町の湖に建設したパンプーリャの教会の設計に取り組んだときに、若い私が背負ったリスクは、本当に重かった。それは誰もやったことのないことだった。そのときまでに実現されたどの工法とも違う、新しい工法で作る建築を一人の若造がやってみたのだ。その重圧ときたら！

　そのプロジェクトのあとでは、どんなプロジェクトでもやさ

しく思えた。あれに比べれば、今回のほうがまだ幸運に恵まれていると思えるようになった。まず、自分の頭の中に未来を想像することだ。そして、実際にやってみなくては。おしゃべりは役に立たない。冒険をし、私たちにそれができるということを見せつけるのだ。

訳注
* 1 　Houari Boumédiène　アルジェリアの政治家（1932-78）。76〜78年、アルジェリア大統領。現在アルジェリアの首都アルジェの空港は、彼の名前を冠している。

The Pampulha Church - the church of São Francisco de Assis in Belo Horizonte, Brazil.
photographer : Ronaldo Almeida / Shutterstock.com

The Pampulha Church - the church of São Francisco de Assis in Belo Horizonte, Brazil. photographer : Ronaldo Almeida / Shutterstock.com

104歳

　104歳という歳になって人生を振り返ってみる。世の中は邪悪で、生きることは戯れごとではない。

　人生は短い。ほんの一瞬だ。

　長く生きれば生きるほど、向かいあわねばならぬ苦しみもまた大きくなる。やっと道が定まり成熟してきたと思ったら、もう家族や友人にさよならを言うときがくる。人生は、つまるところは良くないものに立ち向かいながら生きる体験なのだと思う。でも、どうやって立ち向かうのか？　その方法を考えてみよう。

　私の場合、私の信念は、遠い修道会の学校時代から今日に至るまで、「平等を求める」ということにあった。他人の苦しみは私たち自身の苦しみであり、すべての人はこの世界の一員だ。そしてこの世界の一員である限り、誰であっても最後には消えてしまう運命にある。

　人生は一瞬だ。それゆえに私たちは学ばなければならず、また、礼儀正しくそこを通過しなければならない。自分自身の考

えと信念を培い、自分の信念を自らの中に不動の大黒柱のように据え、生きる間、それをずっと担ぎ続けて歩くのだ。これは大きな挑戦だ。

　私たちはちょっと「家」に似ているかもしれない。人はあらかじめ定められた設計図の上に生まれ、成長するたびにそれを改装し、改築することもできる。家で言うならば、小さな修理をしたり、扉を取り換えたり、壁を塗り替えたりといったように。しかし、よく目を凝らしてみれば、最初からあった不具合はいつも見つかる。

　人生を歩むうちに通ってきたたくさんの道を思うと、なつかしさと寂しさが入り混じった気持ちでいっぱいになる。修道会の学校に通っていたころのこと。建築を学んだ大学での学生生活。当時の建築学部は「建築芸術学部」と呼ばれていた。そして、最初の恋人たち。友達と酒を飲み、サッカーをし、旅をする生活。友情というのは格別なものだ。一生大切にし、培うべき天の恵みだ。

　私の家には、ピアノがあった。詩人で作詞家のヴィニシウス・デ・モライス Vinicius de Moraes や、アントニオ・カルロス・ジョビン Antônio Carlos Jobim、作曲家のアリイ・バロッソ Ary Barroso といった素晴らしい人たちがやってきた。それから、ブラジルのスーパースターとも言うべき歌手シコ・ブアルキ Chico Buarque。私が初めてシコにあったとき、彼はまだ子どもだった。なぜなら、私はもともと、偉大なる歴史家であっ

た彼の父親セルジオ・ブアルキ・デ・オランダ Sérgio Buarque de Holanda と友達だったのだ。以前、彼ら親子のための家を設計した。でも、結局それを実際に建てることはできず、今でも残念に思っている。ブラジルを代表する作家ジョルジェ・アマードも私の友達だった。そして、稀代の詩人マヌエル・バンデイラ Manuel Bandeira も。なんとたくさんの素晴らしき友人に恵まれてきたことか。でももう誰もいない。

　80年代に、ダルシー・リベイロ Darcy Ribeiro とレオネル・ブリゾーラ Leonel Brizola という2人の政治家とともに、ブラジルの公立学校建築の基本となるチェプス CIIEPS というモデルを作った。ダルシーは偉大な人類学者でもある素晴らしい政治家だ。CIIEPS は公立の学校のための美しく質の高い基本モデルで、今日のブラジルの多くの公立の学校がこのモデルを基に建てられている。私がとても誇りに思っている仕事だ。しかし、もっと人々のために、もっと市民のためにできることがあったのではないかと、あるのではないかとまだ思う。私は、私の使命をまだ全うしていない。

　独裁政権の時代、多くの友人が政府にたてついて追放され、亡命した。この学校の計画に尽力したブリゾーラもまた、私と同じように長いことフランスに亡命していた一人だった。そのころ私は、サン・ジェルマン Saint Germain に近い、ラスパイユ通り Boulevard Raspail のアパートで暮らしていた。パリの暮らしはたくさんのことを気づかせてくれた。ジャン・ポール・

サルトル Jean-Paul Sartre のところにはよく通った。私は彼の小説の愛読者で、彼をとても尊敬していた。彼の思想、彼の苦しみの表情と世界の痛みに対する悲観論は、今も私に大きな影響を与え続けている。しかし、ブラジルの土地、この海、ここコパカバーナ Copacabana から長く離れて暮らすのはつらかった。私はこの海のそばでしか生きられない生き物なのだ。この土地の友達——カリオカ Carioca と呼ばれる「リオっ子」——が、恋しくて恋しくてたまらなかった。

　私はここで生まれた。子どものころ、学校から帰ってくると、食事をして、そして通りでサッカーをするために、すぐに家を飛び出したものだ。家の食卓は大きくて、私の祖父と祖母が上座に座った。私たち子どもはテーブルのこちら側に座り、向こう側には叔父や叔母が座った。植民地時代の大きな家で暮らす大家族。家のしきたりは厳しく、私たち子どもたちはそでにカフスをつけ、ジャケットを着て食卓につかなければならないような家だった。

　信心深く、規律が厳しい修道会の学校では、なにか間違ったことをするたびに、牧師の教師たちが私たちに罰を与えた。「授業中におしゃべりはしません」というフレーズを、100回、200回と書かされるような罰だった。それでもときには、学校を抜け出してそこらを歩き回ったり、散歩をしたりした。私は歩くのが好きだった。海岸を歩くのが大好きで、海辺を歩くといつも幸せな気持ちになった。

ここでは、夜明けとともに網をいっぱいにした漁師たちが港へ戻ってきて、女たちが網から取り出したばかりの新鮮な魚を買いにくる。私はそれを見るために朝早く起きて、イパネマ Ipanema まで歩いて行った。素晴らしかった。海はいつも私の水先案内人だ。私はいつも、生きられるのは海のそばだけだと思っていた。

　このごろはもう一人で動けない。ここからそこへ行くだけでも、誰かの助けを借りなければならない。これは楽しいことじゃない。はっきり言って最悪だ。でもどうしようもない。

　がまんするしかない。

Oscar Niemeyer's Office, Rio de Janeiro.

問い

　ここしばらく、小さな教会を一つ設計するためにスタジオに籠っている。私は居間の壁に法王の肖像画がかかっているような信心深い家で育ったのだが、本当のところは神を信じてはいない。それでも、より人間らしく平等に生きるための作法を教えるものとして、信仰というのは尊いものだと思っている。だから教会の設計は好きだ。教会は建築家にとって良い課題であると思う。

　この計画に取りかかるにあたって「より人間らしく、平等に生きるための信仰の場」である教会についていろいろと空想した。アイディアはいつも頭の中の空想から生まれてくる。

　私は十字架に想いを馳せた。教会の入り口に立つ大きな十字架。その十字架からいくつものラインが派生してくる。そして、それが教会を覆う大きな屋根に発展する。さて、とすれば、そこに見えてくるのはどんな形だろうか。

　それは、とても明快な2つのステップで建設されるプロジェクトだ。まず、十字架。そして、十字架の下で美しくカーブする曲面が教会を形づくる。ニテロイ Niterói[*1] の新しい文化複合

施設カミンホ・ニーマイヤー Caminho Niemeyer の中に建つ予定の、この教会ノーヴァ・カテドラル・サン・ジョアオ・バティスタ Nova Catedral São João Batista は、まだ建設中だ。

　私にとって意味があるのは発明だ。いつも、今までと違うもの、今までなかったもの、誰も作ったことがなかった風景を発明する。それが私の仕事だ。

　ブラジリアの議事堂の斜路を、ル・コルビュジエと上っていたときに言われたことを思い出す。彼はこう言った。「ここには、人に自由を感じさせるという発明があるね」と。

　104歳という歳になっても、私の中ではいつも自由が躍動し続けている。それがいつもあった場所、空想する頭の中で。自由な空想からすべてが始まる。ときには感傷的にもなるし、人生の短さを自覚してもいるが、私の空想の喜びは留まることがない。自由な空想は人生と理想をしっかりと結びつけてくれるし、いつも良き友に囲まれるようにしてくれる。

　このスタジオには毎週火曜日に若い友人たちが集まってくる。最近の集いではプラトンやアリストテレスの哲学について語りあった。ギリシャの哲学者たちが立てた「問い」について語りあった。人生について。善について。美についての「問い」。さらに、星についても語りあった。ギリシャの哲学者たちは、天文学——星の世界の調和をとても重要視していたそうだ。

　空の向こうにはなにがあるのだろう。すべての始まりの大爆発、ビッグバンの方程式を、私たちは実験してみることができ

るのだろうか。
　また、今の私の興味は、もっと根源的な「問い」にも向かっている。

　それは、生とはなにか、死とはなにか、という「問い」だ。

　死を恐れることに意味はあるのか。それは避けられないものだし、誰も死にたくなぞはない。でもときには、それは必要なものなのかもしれない。

　私のように長生きする秘訣はなにか、よく聞かれる。私自身は、104歳まで生きても人生はそんなに長いものではないと思っている。人生は短い、ほんの一瞬だ——と心底思っているのだが、あえて答えてみよう。長生きの秘訣、それは食べすぎないこと。ちゃんとした食事をすること。一杯のワインを欠かさないこと。そして、腹八分で食卓から離れること。

訳注
＊1　Niterói　グアナバラ湾をはさみ、リオ・デ・ジャネイロの対岸にある都市。

The Largo do Boticário, Rio de Janeiro.

宙に絵を描いていた少年

アルベルト・リヴァ　Alberto Riva

　ラランジェイラス通り Rua das Laranjeiras*¹ の長い坂道。少し貴族的で、少し退廃的。そんな雰囲気を漂わせた街路樹のある遊歩道。「オレンジ通り」とも呼ばれるそのゆるやかな坂道を、ゆっくりと歩いて登っていく。

　通りの右側に注意して歩いていると、ある地点で2軒の家の間に小さな隙間が見つかる。リオの町でよく見られるその隙間は、ヴィーコロ Vicolo と呼ばれる細い路地だ。その路地に入ってゆくと、やがて舞台の書割のような建物のファサードがある中庭にたどり着く。

　それは、ラルゴ・ド・ボティカリオ Largo do Boticário という名の小さな広場だ。そこにファサードを広げているのは、カラフルな外壁をボロボロとはがしながら朽ち果てつつある、時間に置き去りにされた建築。ブラジルがポルトガルの植民地であった時代の建築。10軒ほどの邸宅が連なったファサードで、いかにも18世紀のポルトガルの司法長官が所有していた大邸宅といった風情をしている。

　察するに、司法長官の名がボティカリオだったのだろう。当時は牧場に囲まれていたこの館の一軒には、ホアキン・ルイス・ダ・シルヴァ・サウト Joaquim Luis da Silva Souto という名の、ポルトガルから来た王族付きの薬剤師の一族が住んでいた。もう牧場はないが、牧歌

的な雰囲気だけは残っている。

　広場を取り囲むのは、マンゴーの木、ジャックフルーツの木、ヤシの木、そして、燃えるような赤い花をつけたホウオウボクの木。

　この小さな広場に、サン・ピエトリーニ San Pietrini と呼ばれる小さな黒い玄武岩の高尚な石畳が敷かれたことはなく、家のファサードには、グレーと白のすぐそれとわかる独特な文様が描かれた、アズレホス azulejos というポルトガルの伝統的なタイルが、ほんの少しだけ残っている。

　広場の中央には井戸がある。耳を澄ませると、目に見えない小川のせせらぎが聞こえる。どこだ？　その井戸の下を川が流れているようだ。覗き込んでみると、その深い影の中に沈んだところからせせらぎが聞こえてくる。

　これは、カリオカの川だ。森から降りてきて、あるところから地下へもぐり、ここでにわかに出現するこの川は、16世紀にはリオの町のすべてに飲み水を供給していた。

　先住民族のインディオは、この邸宅をカスクード Cascudo の家と呼んだ。カスクードとは、ポルトガルからやってきた征服者たちの鎧(よろい)に似た、銀色の堅い鱗(うろこ)で覆われたナマズのような魚の名で、すなわち「征服者ポルトガル人の家」という意味である。

　こここそが、リオ・デ・ジャネイロの心臓だ。リオの心臓は、イパネマの浜辺にでも、シュガーローフ Pão de Açúcar[*2] とよばれる半島の奇岩にでも、サンバのリズムに乗って夜通し踊り明かすラパ La lapa の繁華街にでもなく、まさに、ここ、この場所にある。この場所から、リオのすべてが生まれた。そして、私が追ってきた一人のカリオカが誕生したのも、まさにこの場所だった。

1907年12月。オスカー・リベイロ・デ・アルメイダ・デ・ニーマイヤー・ソアレス Oscar Ribeiro de Almeida de Niemeyer Soares は、ここで生まれた。

　彼の祖父は、このラランジェイラス通りに、植民地時代の大きな邸宅を所有していた。大きな正方形の窓があり、ファサードに苗字の頭文字が記され、庭にはアーモンドの木が植えられている邸宅。伝統的な、封建的な、大家族の家。この家の庭で、少年ニーマイヤーは、鉛筆も持たず、紙もないところで、宙に絵を描いていた。家のまわりの景色を、頭の中に想い浮かぶ景色を、力いっぱい腕を振り回して描いていた。

　絵を描くことが大好きで、それが自然と彼を建築に向かわせた。1932年当時、ブラジルの建築家として、都市計画家として、最も評判の高かったルシオ・コスタ Lucio Costa[*3]のスタジオで、彼は建築の仕事を始めた。コスタのスタジオは、建築設計の事務所であると同時に、その時代を席巻していた建築——すなわち、インターナショナル・スタイル[*4]と呼ばれている建築について、人々が集まって議論する、ある種のサロンでもあった。

　1936年に若きオスカーが、スイスのモダニズムの巨匠、ル・コルビュジエ Le Corbusier（1887-1965）と初めて握手を交わしたのも、このスタジオでのことだ。ル・コルビュジエは、リオ・デ・ジャネイロの新しい都市計画と、教育保健省の建物の計画に参画するために、1929年から頻繁にリオにやってきていた。

　ニーマイヤーと同世代の建築家たち——イタリアで例を挙げるならジオ・ポンティ Gio Ponti（1891-1979）であろうか——にとって、ル・コルビュジエはその時代の基本原理のような人だった。しかし、ル・

宙に絵を描いていた少年　57

コルビュジエだけではない。その時代には、近代建築の基礎を築いた人々が、地球を取り囲む星座のように存在して、世界のいたるところで輝いていた。

ドイツのルードヴィッヒ・ミース・ファン・デル・ローエ Ludwig Mies van der Rohe（1886-1969）、ワルター・グロピウス Walter Gropius（1883-1969）、そして、建築に携わる誰もが一度は必ずあこがれた「落水荘 Fallingwater」の設計者であるアメリカのフランク・ロイド・ライト Frank Lloyd Wright（1867-1959）。

フィンランドには、アルヴァ・アアルト Alvar Aalto（1898-1976）がいた。彼は、ニーマイヤーより9歳年上だ。

もし、イギリスの著名な歴史家エリック・ホブズボーム Eric J. Hobsbawm（1917-2012）がもう少しばかりニーマイヤーの人生にインスピレーションを受けていたら、彼の名声を確固たるものとした名著『20世紀の歴史——極端な時代 *The Age of Extremes: The Short Twentieth Century, 1914–1991*』に「短き20世紀」というサブタイトルはつけなかったであろう。むしろ「長き20世紀」としていただろう[*5]。

ニーマイヤーは20世紀に生まれ、「その時代の建築の父」たちの知見を継承し、独自のやり方でそれを昇華し、解放しながら、21世紀の今日まで、その知見をもって活動を続けるただ一人の建築家だ。

しかしながら、彼とブラジルの同僚たちによる建築界における革命的な活動は、ヨーロッパの「偉大なる父」たちに、必ずしも正当に理解されたわけではない。ブラジルの建築に対する強い反発には事欠かなかった。

ニーマイヤーが編集長を務めていた建築誌「モーデュロ Módulo」の1955年3月の号には、イギリスの「アーキテクチュアル・レビュー

Architectural Review」誌の記事をめぐる論争が掲載されている。

　それは、「ブラジル報告 Report of Brazil」と題して、ブラジルの最新の建築に関する特集記事をテーマにしたものだった。記事を執筆したのは、ワルター・グロピウス、エルネスト・ロジャース Ernesto Rogers[*6]、マックス・ビル Max Bill[*7]、大江宏 Hiroshi Ohye[*8] という、高名な建築家や批評家。

　そして、「モーデュロ」誌上でそれに対抗するのは、このブラジル報告をどう受け取るべきなのか——感謝すべきなのか、怒るべきなのか——、戸惑いを隠せないでいる奥手なブラジルの建築家たち。

　その報告は、トロピカルな気候や豊かな自然、香水の匂いの強い官能的な女性たちの存在によって、ブラジルの新しい建築の潮流を「正当化」したものだった。

　フジヤマ、ゲイシャ、ゼンによって、日本の建築が「正当化」され続けてきたことを考えれば驚くべきことではないかもしれないが、ブラジルは、このように故意にゆがめられたイメージにいつも苦しめられてきた。

　異国情緒、風光明媚、混血、ラテンのバイタリティーといったものが、まるで文化的な発展のための障害であるかのように語られ、その横柄な論調は今日も続いている。ブラジルの魅力と言えば、サッカーとボサノヴァ、美しい海岸と混血といったことばかりが取り上げられ、それを称賛する一方、心の奥底では、どれも文化的には大いなる尊敬には値しないものと軽んじる風潮。ブラジルに対する、漠然とした罪深いなにかは、今も存在し続けている。

　そのような先入観にとらわれたまま、グロピウスは「ニーマイヤーの虚言」を語り、マックス・ビルは、ニーマイヤーの建築は「社会主

義的芸術」であると主張し（おそらくはニーマイヤーの曲線は存在しえないことを暗示するために）、大江宏教授は「ニーマイヤーは、建築家というよりは、人工的な建物をつくる彫刻家である」と書いたのだった。

　私が、コパカバーナにあったスタジオを訪ねて、初めて彼にインタビューをしたのは2005年の4月15日のことだった。私は、当時97歳であったこの建築家に、とても個人的な興味から湧き出した一つの質問をした。
「あなたの建築プロジェクトの周辺には、いつも水面が見られます。それはなぜですか？」
返事は即答で、短く、はっきりしていた。
「水は、建築を映すからね」
ニーマイヤーは、折に触れて言っている。
「建築は単体の物体ではない。建築をとり囲む環境、空間、間、すべてを含めて建築だ」と。
ブラジル外務省の建物 Palácio do Itamaraty を原型に、それを発展させて作られたモンダドーリ本社 Palazzo Mondadori[*9] の列柱。建物のリズム、その音楽的なリズムを作り出しているのは、まさに柱と柱の間に作り出された「間」だ。
　この日、ニーマイヤーは、日が陰ったスタジオに腰かけて、鉛筆を手に持ち、大きな白い紙の束を、つぎつぎにスケッチで埋めていた。
　その7年後、彼の人生最後の年となった2012年に、私は再び彼を訪ねた。彼に会うには、大西洋通り Avenida Atlântica[*10] の端に位置する、イピランガ・ビル Edifício Ypiranga（設計：オスカー・ニーマイヤー、1930年）の最上階にある、彼のスタジオを訪ねればよかった。仕事場に行

Palazzo Mondadori, Milano-Segrate, Italy.

Oscar Niemeyer's Office, Rio de Janeiro.

けば、齢百を超えてもそこで仕事をしている彼に必ず会える。2005年の4月もそうだったように、私はそう確信していた。

彼の鉛筆から、なにも考えずに生まれ出たかのような、このイピランガ・ビルの曲線。しかしもちろんそうではない。リオの海と山と海岸を一望するために生まれた、計画された曲線だ。

イピランガ・ビルは、彼自身が80年以上も前に設計した建物だ。彼が、リオの町のさまざまな場所を転々と移動し続けた末に、やっと戻ってくることができた最後の仕事場だった。

毎日午後3時近くなると、ニーマイヤーはヴェラ・ルチア Vera Lúcia に付き添われてスタジオにやってくる。ヴェラ・ルチアは、79年間ニーマイヤーに連れ添った最初の妻アニタ Annita が享年93歳で先立った2年後、彼が99歳のときに再婚した2番目の妻だ。彼女は「モーデュロ」誌の創刊当時から、40年以上もニーマイヤーの仕事に携わってきた彼の古い仕事仲間で、「モーデュロ」の後継誌「ノッソ・カミンホ」の編集者も務めていた女性だ。

スタジオには建築家や友人や協力会社の人々が絶え間なく出入りし、大変な数の孫や曾孫たちが、世界中からやってくる来客の間を走りぬけてゆく。

そこは光にあふれ、堅苦しさのない空間だ。海に反射する光を集めたガラスの花瓶の中のような空間。「オスカー先生」の前向きな熱いエネルギーに満ち満ちた空間だ。

そこは、彼の存在が、そのままその書棚に収められている本と同期しているような、ヒューマニストのスタジオだ。その書棚は、彼のお気に入りの作家の本でいっぱいだ。

カミュ Albert Camus、サルトル Jean-Paul Sartre、マルロー André

Malraux、アポリネール Guillaume Apollinaire、ボードレール Charles Baudelaire、ゲーテ Johann Wolfgang von Goethe、デカルト René Descartes、モラヴィア Alberto Moravia、アントニオ・グラムシ Antonio Gramsci。2005年のインタビューで彼は、グラムシの名著『獄中ノート *i Quaderni del carcere*』を、建築のマニュアルとして読むのが好きだと言っていた。それから、ジャック・モノー Jacques Monod、カフカ Franz Kafka、マルクス Karl Marx、チェ・ゲバラ Che Guevara、チリの国民的詩人パブロ・ネルーダ Pablo Neruda。マティス Henri Matisse やモジリアニ Amedeo Modigliani の画集、ブランクーシ Constantin Brâncuși やヘンリー・ムーア Henry Moore の作品集、ゴーギャン Paul Gauguin やシャガール Marc Chagall の画集。

　黒いグランドピアノが1台あり、そのとなりには、彼の空想から生まれたリオ Rio という名の長椅子がある。その数メートル先には、椅子に囲まれた長いテーブルがある。

　毎週火曜日の夜には、彼の友人たちがこのテーブルを囲み、空を、星を観察しながら、天文学について、哲学について、美についての話をする。海は部屋のどこから見てもすぐ下にあった。

　ハイル・ヴァレラ Jair Valera は建築家だ。オスカーの孫、アナ・エリザ・ニーマイヤー Ana Elisa Niemeyer とともに、もう30年近くスタジオの筆頭所員として働いている。

　ハイルは、2012年2月のこの瞬間も、オスカーのさまざまなプロジェクトがスタジオ内で進行中であると話してくれた。その多くはブラジルのプロジェクトで、ポルトガル、アルゼンチン、フランスのプロジェクトもある。アルジェリアでは、新しい図書館のプロジェクトが進行中だという。

「どの仕事も、まだまだ私たちを驚かせてくれるものばかりです」と彼は言った。
　「ここから生まれたどの仕事も、私を心底感動させてくれます。それはオスカーが、新しい形、誰も見たことのない形を、1世紀近くの間ずっと探求し続けているからです。いくつプロジェクトを手がけても、私にとって、彼のプロジェクトは驚き以外のなにものでもありません。それは、天がこの世に授けた贈り物としか言いようがないものばかりです」
　ニーマイヤーと30年以上一緒に仕事をしてきたハイルに、私は、どのように仕事が進むのか訊いてみた。
　「新しい建築のアイディアは、いつも彼から出てきます。彼はそれを詳細な絵に描いてみせ、私たちがその絵をもとに図面を起こす。ニーマイヤーのすごいところ、それは、複雑な建築の条件を一気に総括する力を持っていることです」
　「2009年にベロ・オリゾンテの地に竣工したミナス・ジェライス州庁舎。もともとの依頼は、さまざまな行政機能を収める17棟の建物の設計でした。それをニーマイヤーは、たった3棟の建物に集約してみせました。
　彼は複雑な条件を手に取って、なにやら考えていたかと思うと、次の瞬間には、論理的で、誰も思いつかなかった、とてもシンプルなものに変換する力を持っているのです……」
　ハイルは、誇らしさと困惑が混ざったような眼差しで私を見た。どうも私は、忙しい彼の仕事の邪魔をしているようだった。
　夏の真っ盛り。外の太陽はまだ空高く、海岸は人でいっぱいだ。しかしスタジオの中は、不思議な静寂に支配されていた。まるで安定し

た成熟の走りを見せる高級車の中にいるようだった。

　私は彼に、批評家がよく言っていた「建築家というより彫刻家である」というニーマイヤーをめぐる永遠の論争について、どう思うか訊いてみた。

　ハイルは、その質問が耳に入らなかったかのように、しばらく視線を遠くに泳がせながら沈黙していた。しかしやがて首を振って、「私はそうは思いません」と答えた。

　「ニテロイの現代美術館を思い出してください。あの建物に入った瞬間、内部の空間が、外から見るよりもずっと大きいことに気づくでしょう。あの内部空間は、すべてくまなく使われていて、無駄に設計されたところは1センチ四方たりともありません。

　ニーマイヤーの作り出す形は、その居住性や環境を、最大限に機能させるために生まれてくるのです。好きな彫刻を好きなように作って暮らしているわけではありません。オスカーは104歳ですが、建築家としてここで毎日働いています。毎日スケッチを描き、設計し、文章を書き、建築誌の編集について議論し、政治について語っています。サッカーについても語りますけれど」

　「リオのサッカークラブ、フルミネンセ Fluminense のファンですか？」

　「ずっとそうでしたけれど、最近はそうでもないようですね。もう一つのリオのクラブ、フラメンゴ Framengo につくことにしたと言っていました。なにしろ、奥さんが大変なフラメンゴファンなので……」

　オスカーのスタジオから上がってくる基本設計の図面は、構造計算の責任技術者であるホセ・カルロス・スセキンド José Carlos Sussekind の拡大鏡のもとで吟味される。

ハイル・ヴァレラと同様、スセキンドは、ニーマイヤーの腹心の友である。

　64歳のドイツ系カリオカであるスセキンドは、偶然の事故のように始まったという彼らの仕事のことを話してくれた。

　「インターンとして彼のスタジオに通っていたころのことです。ある午後、たまたま一人でスタジオに残っていたところ、オスカーに呼ばれました。彼は、構造的に解決しなければならない問題を抱えていました。実現可能か、不可能か。可能性があるならば先に進める。そうでないならば、すべてをひっくり返してゼロから新しいアイディアを練り始める。それがオスカーのやり方で、それで私に意見を聞いてきたのですが、私は大きな間違いを犯しました。彼が『即答』を求めていたことに気づかず『一日考えさせてください』と言ったのです……。

　1979年のことです。当時のブラジルの独裁政権に目をつけられていたために、ニーマイヤーは国外で多くの時間を過ごしていた時期でした。しかし、そのような私の逡巡にもかかわらず、私たちは一緒に仕事をすることになり、以来、それが終わることはなく、今日まで続いています。

　オスカーは、とてもシンプルな人です。毎日のように8〜9人の友達と外に食事に出かけます。より多くの友といるときほど、彼はご機嫌です。どんなに急ぎのプロジェクトがあっても、いつも一度は仕事を中断して友の話に耳を傾け、楽しくおしゃべりする時間を作るのです。

　それは、彼の他人に対する優しさ、柔軟さのなすことです。彼は、心に思っていないことを、うわべだけで口にすることはありません。なにかを必要としている人がいれば、本気で力を貸す人です。彼が、人を励ましたり、雑談をしたりするための時間をことのほか大切にして

いるのを、私はずっと見続けてきました。

　彼の落ち着きや静けさは、仕事の上でも見られます。ニーマイヤーの仕事に、苦しみや悩み、怒りやあせりは存在しません。建築を創造するプロセスを、ただただ楽しみながら問題に向かいあい、明快な答えを生み出します。とても印象的なことです。

　彼は、技術的な構造を直観する、魔法のようなインスピレーションを持っています。そして、芸術的に、知的に遊びながら、それを喜びに満ちた形に作り上げていくのです」

　彼の言葉をさえぎって訊いた。

「ニーマイヤーのプロジェクトの構造技術者として取り組んできた、一番の課題はなんですか」

「象徴的な課題はいくつかあります。ニーマイヤーが生まれたのは、鉄筋コンクリートが発明された数年後のことです。鉄筋入りのコンクリートとニーマイヤーは、ほぼ同い年なのです。私たちは、5年前のミナス・ジェライス州庁舎の建設現場では、90メートルスパンの鉄筋コンクリートの梁を実現しました。これは、70年代にモンダドーリ本社を建てたころには、不可能だったことです。ニーマイヤーは、自らのプロジェクトを常に更新し続けています。技術の進化にぴったりと寄り添い、ただちに、貪欲に、それを反映させていくのです。

　それは、一段ずつ技術の階段を昇っていくような、気の遠くなるような道のりに見えますが、奇妙なことにはその逆もあります。ブラジリアの大聖堂 Catedral Metropolitana Nossa Senhora Aparecida[*11]を例にとると、あれは、一つの構造体を16回繰り返し、上部にとても小さなカバーと構造体の隙間を埋めるガラス面を埋め込んだだけの、とてもシンプルな構造でありながら、類まれな躍動感を生み出している建

The City Administration State Government of Minas Gerais, Belo Horizonte, Brazil.
photographer : Ronaldo Almeida / Shutterstock.com

築です。この大聖堂の構造計算はいたって簡単で、構造学専攻の学生であれば、10分で計算できるほど単純なものです。

　海に細く張り出した崖の上の敷地に建てられたニテロイの美術館。あれは、建築家が誰も興味を持たないような、驚くほど小さな敷地に建設されたモニュメントです。市長がこの土地の買収のために使ったお金は、たったの2リラでした。しかし今日、ニテロイの名は、この美術館のおかげで世界中に知られています。

　ニテロイの美術館用地として候補に挙がっていた3つの敷地を、市長がニーマイヤーに見せようとしたときのことをよく覚えています。最初に案内されたのがその崖の上の小さな敷地でした。オスカーはそこをひと目見るなり、

『いいですね。ここにしましょう』

と、他の2つの敷地を見もせずに、その場で決めてしまいました。

　そしてそのまま市長たちと魚市場のそばの食堂に行き、テーブルについてオーダーを待っている間に、建つべき美術館の絵をそこにあった紙ナプキンの上に描き上げてしまいました。

　市長は、今でも、そのナプキンを、どこかに大切にしまっているのではないかと思います」

　スセキンドは、笑い、そして繰り返した。

「これが、ニーマイヤーの仕事のやり方です。典型的なカリオカの明るさ。オスカーは骨の髄までカリオカなのです。彼は、カリオカのすべてのキャラクターを持っています。音楽を愛し、おしゃべりが好きで、海岸にいる美しい女性を愛し、冗談ばかり言っている、典型的なリオ・デ・ジャネイロの小市民。ニーマイヤーは、小市民の心と天才性を併せ持った、とても情の深い人です」

The Niterói Contemporary Art Museum. photographer : T photography / Shutterstock.com

リオを離れて西へ飛び、サンパウロの空港に着陸する。2000万人の生活を内包するセメントづくりの王国。スモッグでかき消された地平線の前に、朽ち果てているか、建設中か、そのどちらかの建物が永遠に続く。灼熱の夏に、極寒の冬。物価は高く、騒音がひどい。不可解でありながらダイナミックな都市。そのアスファルトのジャングルの中に、強いインパクトを持つ建築が、特異な形で存在している。

　今日のブラジルを代表する２人の建築家が、このサンパウロに住み、仕事をしている。１人は、建築界のノーベル賞とも言われるプリツカー Pritzker 賞を2006年に受賞したルイ・オオタケ Ruy Ohtake。もう１人は、1928年生まれの巨匠、パウロ・メンデス・ダ・ローシャ Paulo Mendes da Rocha[*12]。

　小柄で上品なたたずまいのメンデス・ダ・ローシャは、共和国広場 Praça da República の裏にある、傷みのひどい建物の中にあるスタジオに、私を迎え入れてくれた。開かれた窓からは、絶え間ないサイレンの音や、排気ガスのにおい、白っぽい人工的な街の光が流れ込んでくる。

　私は、メンデス・ダ・ローシャに聞いた。

　「オスカー・ニーマイヤーは、建築にとってどんな存在なのでしょうか」

　彼は、背筋を伸ばすと、まっすぐにこちらを向いて話し始めた。

　「私は1954年に大学を卒業しました。ニーマイヤーの新作が、すべてトップニュースになっていた時代です。ニーマイヤーのブラジリアのプロジェクトが完成したのが1956年。サンパウロのイビラプエラ公園 Parco Ibirapuera[*13] の完成は1954年。私の世代の建築家はそのころ

に大学を卒業し、建築の世界に入りました。これらのニーマイヤーのプロジェクト、建築の本質的な問題に地平を開いたともいえるプロジェクトは、私たちの建築の原点なのです。

彼のプロジェクトは、建物を設計する技術だけを習ってきた私たちに、『気をつけろ。建物だけが存在するのではない。周辺にも空間がある。そのすべての相互作用を考えるんだ』と、鋭い忠告を発しているかのようでした。

ニーマイヤーの建築。それは、建築作品としての価値はもちろんですが、それ以上に、『建築に対する反省の体現』という点で、大きな価値を持っていると、私は考えています。

たとえば、リオのカノアス邸。あれは、家を一つの詩として視覚化しています。バロックの古典様式から発展させた建築ではなく、民衆の文化を視覚化し正当化してみせることに成功した建築。驚くべき作品だと私は思います。

よく指摘されていることですが、私は彼の作品の一つ一つに、新しい構造技術の厳密性とバロック様式の建築との間に生まれる葛藤を感じます。それは、予想不可能な即興演奏でバロック音楽に挑もうとするときに見られるような葛藤です。

モンダドーリ本社。これこそは、彼の想像力の成せる業です。技術の塊とも言える構造体を、自由な即興演奏で軽々と奏でる。誰にでもできることではありません」

メンデス・ダ・ローシャは、若干のくやしさを交えたようなほほえみを私に向けた。

彼の話を聞くのは心地よかった。メンデス・ダ・ローシャは、高齢のサンパウロ人特有の洗練されたポルトガル語を話した。話はときお

り抽象的な概念でいっぱいになり、理解することがむつかしくなるけれども、それがまた私の想像力に火をつける。

メンデス・ダ・ローシャは、大学教授として長いこと教鞭をとっている。ポルトガル語で言うところのオラーツィ Orazi 対クリアーツィ Curiazi、すなわち形状主義 formalism 対機能主義 functionalism という、学生が必ず一度ぶつかるであろう、建築の永遠の課題について質問してみた。

彼は目をしばしばさせると、

「その矛盾がうまく収まった例は見たことがありません。というよりも建築においては、厳密な機能というのは存在しないと言ったほうがよいかもしれません」と言った。

「建築の面白いところ。それは、ただ一つの用途に限定されない、ということではないでしょうか。病院のような極端な場合を除けば、たいていの場合、建築というのは必ずしもある役割を全うするためだけに存在するわけではありません。ある時期美術館であった建築が、今日は別の用途で存在している。もともと邸宅であった建築が、今は美術館として素晴らしくよく機能していたりもします。つまり、私が言いたいのは、建築は人の生活の予測不可能な変化を考慮したものでなければならないということです。

建築は、常にあらゆる未来に対して開かれた形で存在すべきものであると私は考えます。なぜなら、それは人間の変化する生活にかかわるものだからです」

ニーマイヤーが手がけた大きな湖のほとりの美術館と音楽堂、そして彼独特の曲線を描くコンクリートの小道を持つイビラプエラ公園。サンパウロのセントラルパークとも呼ばれている公園のすぐそばに、

ひっそりとした庭に囲まれた、舟のような、あるいは半月のような形をした「ホテル・ユニーク Hotel Unique」がある。小さな丸い窓とプールがあるホテル。このプールは夜になると赤く照らされて、周囲の町から見ると、まるで遠くの火事のように見える。

　今日のブラジルを代表するもう1人の建築家、ルイ・オオタケが設計したホテルだ。彼の母は、ブラジルを代表する現代美術家、日系ブラジル人の大竹富江 Tomie Ohtake[*14]。ルイ・オオタケは痩せて背が高く、母によく似た愛想のよい顔立ちをしている。二つの大戦から今日までの間に、ブラジルに移民した日系人によく見られる顔だ。

　ルイ・オオタケは1938年生まれ。彼は紙と鉛筆を持って、ファリア・リマ大通り Avenida Faria Lima にある広いスタジオの会議室に入ってきた。どんなことも、絵に描いて説明する人なのだ。

　彼は、サンパウロ建築学校の創設者である建築家ヴィラノヴァ・アルティガス Vilanova Artigas の直接の教え子である。オオタケは、ニーマイヤーの仕事にあこがれて建築の道に進み、大学でも、大学を卒業した後も、ニーマイヤーを研究し続けていた、と語った。スターモ・パパダキ Stamo Papadaki による、有名なカリオカの建築家の作品集全2巻を大学の図書館から失敬してきて、何年も自分の手元に置いていたことも告白した。

　「私は、ブラジルの最初の現代建築は、オスカーの処女作、ベロ・オリゾンテにあるパンプーリャの大聖堂だと思っています。4つのアーチ、大きさが異なる4つのクーポラから成る大聖堂です。建築における革命でした。しかし1943年に完成してから1957年まで、実に14年間もの間、カトリック教会の本部は、その中で宗教的な儀式を行うことを許しませんでした。でも、ここからブラジルの現代建築は始まっ

たのです」

　前述の「ホテル・ユニーク」、また、彼のもう一つの代表作、震えるように重なった波の上に高層ビルがそびえたつような形の「オオタケ文化センター Ohtake Cultural Center」を見ても、オオタケが想像力豊かな建築家であることがわかる。その彼の目から見て、1930年代のブラジルに咲いた唯一無二の花のようなニーマイヤーのビジョン。これは、いったいどこから生まれてきたのだろうか、と聞いてみた。

　「私は、オスカーのアイディアは、彼の手から生まれてくると確信しています。あの美しい絵、デザイン画から、生まれてくるのです。速記のように、一瞬のうちに、生まれてくるのです。

　それは、簡単なスケッチとか、たやすく実現できる計画の単純な絵、という意味ではありません。むしろ、その逆です。その絵に描いた瞬間、ニーマイヤーには、その建築の細部の細部に至るまで、どうあるべきかが見えている。ニーマイヤーの構造設計は、ニーマイヤーの絵の中に、彼が描いたビジョンの細部に至るまでを感知できるような、繊細な感覚を持った人でなければ務まりません。

　実際、彼の最初の構造設計技術者、ホアキン・カルドゾ Joaquim Cardozo は、詩人でもありました。ニーマイヤーの曲線は、単純な曲線ではありません。もし、彼の描いた曲線が、ある部分で若干薄くなっていたとしたら、そこにはいつも理由があります。そして技術者は、その理由を汲み取り、彼の意図するところを感覚的に理解した上で、構造に反映させなければなりません。彼の曲線は、恐ろしいほど厳密なものです。

　ニーマイヤーのプロポーションに対するセンスの鋭さも、印象的なものでした。私が彼のもとで仕事をしていたとき、一つの曲線の設計

図が、ニーマイヤーが納得するまでに、アシスタントの製図板から10回以上行き来するのを見ました。

　彼の描く迷いのない線、その軌跡の明快さには、驚くべきものがあります。彼のアイディアは明快で、彼にはその建築の姿が細部に至るまで、はっきりと見えているのです」

　オオタケもまた、ニテロイの現代美術館 Museu de Arte Contemporânea de Niterói における彼のアイディアや、ブラジリアの大聖堂を独特の線の例として引き合いに出した。

「大聖堂の入り口は地下に降りていったところにあり、トンネルを抜けると、巨大な教会の空間の中に出る。私が知りうる中で、最も民主的で、最も明快な導線です。

　カノアス邸 Casa das Canoas の、波打っているかのようなテラス。なんという自由さでしょう。

　それから、風よけのために一段低く作られた、フランスのル・アーヴル Le Havre 文化センターの広場。そして、モンダドーリ本社の列柱。これは、構造体を持ち上げるためではなく、吊るすための柱です。常識を覆したこのミラノの建築の施工を、オスカーは生涯最高の完璧な施工だったと言っていました。

　はじめに生まれてくるのは、いつも、美的なアイディアです。建築における美とは、諸々の機能を満たした後に、余裕があったらととのえる、というようなものではありません。『美しい』ということは、建築の最初の機能であるべきです。

　フランク・O・ゲーリー Frank O. Gehry [*15] が設計したビルバオ・グッゲンハイム美術館 Guggenheim Museum Bilbao は、その町の文化教育を、根本から変えました。美術館に入館する8割の人が、中でどん

な展覧会が開かれているのかも知らずに入館しています。人々は、建築の美しさを体験するために入館するのです。とすれば、美術品の美が先か、建築の美が先か。どちらが先にあるのでしょう？」

ルイ・オオタケは、相好を崩し、けらけらと声をたてて笑った。

サンパウロを離れて、再びリオへ向かう。今回は、バスで出発した。

サンパウロの郊外は、伝統的な特徴をすっかり失っている。700万台もの車が、都市の中心に、周辺に、とどまることなく、永遠に絡みついている都市。ビルド・アンド・スクラップ。建設と解体をひたすら続け、忍耐を強いられる都市。

ニーマイヤーが語った、未来の都市の姿についての話を思い出す。私の目の前にあるのはそこからほど遠い都市だ。彼の夢はここでは実現していない。

サンパウロ大通り Avenida Paulista の美しい本屋で、私は、デヴィッド・アンダーウッド David Underwood の本『ニーマイヤーとブラジル建築 *Oscar Niemeyer and the Architecture of Brazil*』を買った。これは、ニーマイヤー派の夢の精神分析論のように、まとめられた本だ。

「ニーマイヤーの芸術、その筆頭となるブラジリアは、永遠についての探求である。それは『変わりゆくもの』と『消えゆくもの』に対して打ち立てられた『永久の表現』である。サルトルやラカン Jacques Lacan のように、ニーマイヤーは人間の尊厳を脅かす悲劇に言及している。ニーマイヤーが唯一確信しているもの。それは、死と建築である。近代の歴史が作り出した、人間性の損失や政治的混乱、社会的格差に対し、なんらかの形で救済方法を見つけることができるような、永遠で詩的な使命を与えられた建築。建築は、彼自身が自らの命の限界の

中では変えることができないであろう悲劇的な人間の運命に、永遠に立ち向かうヒーローなのである」

　リオ、コパカバーナのイピランガ・ビルに戻ってきた。その建物の中の日常は続いていた。建築家は、支えられながら車を降り、スタジオに上がってくる。彼のアイディアはあふれだし、そして、形作られてゆく。スタジオの中を見回してみる。なにかを感じる。「オスカー・ニーマイヤーの建築が内包している矛盾について、君は説明できるのかい」という、所員たちの容疑者を見るような視線。

　イピランガ・ビルの建物を出て、大西洋通りと交差する一本の通りへ入り込む。

　その通りにある居酒屋に入ってみる。そこに座って、その居酒屋に集まっては、流れてゆくカリオカの生活を観察する。そこを出て、またリオの町の中をうろうろしてみる。1軒のカフェに立ち寄り、ブラジルコーヒー Cafezinho[*16]と、サルガディンホ salgadinho という小さなコロッケをつまむ。海岸に目を向け、フラメンゴ対ヴァスコ Vasco のサッカーの試合について話す。強い蒸溜酒のカシャッサ Cachaça[*17] の瓶の間に挟まっていた、サン・ヨルゲ São Jorge[*18]の勇ましい姿が印刷されたラベルをくしゃくしゃにして立ち上がり、そしてまた、町に繰り出す。

　少し前までなら、薄いステーキにバター味の手打ち麺が添えられただけの定食を出す、こういう気のおけない定食屋の客の中に、ニーマイヤーを見つけることは、たやすいことだったのだろう。

　ビールはよく冷えている。ニーマイヤーは、このあたりの定食屋で、共産党を侮辱した客と乱闘騒ぎを起こした、という思い出話をしてく

れた。それは、彼がすでに80歳を超えていたころのことで、酔っ払いと成り上がりの数人から発せられた、明らかにニーマイヤーに向けられた共産党を侮辱する言葉が発端で、殴り合いのけんかになった。それは、老建築家と若い挑発者の間に、誰かが止めに入るまで続いた、という話だった。

　ここから見えるもの。左手には、まばゆい光を放つ浜辺、そして砂の先には、尖塔岩モロ・ダ・ウルカ Morro da Urca がそびえたつ。有名なもう一つの尖塔岩シュガーローフ・マウンテンの手前にある、背の低いほうの火山岩栓だ。右手には、コパカバーナ要塞 Forte di Copacabana[*19] が建つアルポアドール Arpoador の岸壁（ここは、1964年に軍が権力を掌握したときに、最初に土塁用の砂袋が投げ込まれた場所である）。正面には海と島々があり、そのかなたには、ニテロイの山と、司法官であったニーマイヤーの祖父の生まれ故郷、マリカ Maricá という漁村が見える。

　背後には、山がある。塩っぽい海風とたばこの煙に包まれたこの居酒屋からは見えないが、カリオカは誰でも、そこに山があることを知っている。カリオカは、その山に営巣する鳥の名を知っている。アホウドリが、その山のサルとオウムの命をコントロールしているハヤブサとのレースを、どこの地点であきらめるかも知っている。山には滝があり、坂道があり、小道があり、洞窟がある。黒魔術マクンバ macumba の祭壇があり、教会があり、サンバを思わせる音楽を奏でるアフリカ教会の礼拝所テレイオス Terreiros がある。皇太子の住まいがあり、木造のバラックがあり、大きな鳥の巣がある。そこでは、モモがたわわに実っており、かくれんぼをしたり、凧揚げをしたりして遊ぶ子どもたちがいる。

カリオカは、おそらくそこには行かない。でも、この都市の背後には、森の「可能性」が存在していることを知っている。
　その可能性、開放性こそが、ニーマイヤーの描く線の命の源だ。マックス・ビルを怒らせたあの曲線。ル・コルビュジエが定めたところの「ファンタジー」。航海者を美しい歌声で惹きつけ難破させるという伝説の人魚セイレーンのように、人々の空想力を魅了してやまぬ彼の曲線は、ここから命を吹き込まれ続けているのだ。
「空想とは、よりよい社会を探求する力である」
　というニーマイヤーの言葉を思い出す。長いインタビューの中で最も私が心を動かされた言葉だ。
　ニーマイヤーの仕事は、3人のイタリアの巨匠の仕事と、どこか繋がるような気がする。児童小説『チポリーノの冒険』で知られる作家ジャンニ・ロダーリ Gianni Rodari（1920-80）、映像の魔術師という異名をとる映画監督フェデリコ・フェリーニ Federico Fellini（1920-93）、そして、イラストの魔術師という異名をとる画家エマニュエレ・ルツァティ Emanuele Luzzati（1921-2007）。
　ニーマイヤーの、なにものにもとらわれない自由な発想についての話を思い返してみる。すると記憶は、彼と30年以上一緒に仕事をしてきたハイル・ヴァレラの最後の言葉にたどり着く。
「オスカー・ニーマイヤーは、子どもにも好かれる人です。私は、当時4歳の息子を、初めてニテロイの美術館に連れていったときのことを忘れることができません。息子は、オスカーの建築に感動して、そこに立ち尽くしてしまったのです。
　100歳の男が、4歳の子どもを心から感動させることができる。これはすごいことです。ニーマイヤーは、30年、40年、50年前と同じよう

に、同じやり方で、全く変わらぬ姿勢と純粋な創造力で、『空想の中にある』建築の絵を、今日も自由に描き続けています」
　突然、あの井戸のある小さな広場、ラルゴ・ド・ボティカリオの記憶がよみがえる。その背後の山、その下を流れるカリオカの川、リオの水、カラフルなファサード、海のブルーと小さな波の文様が繰り返す、窯で焼かれた古いポルトガルのタイル。

　そして、そこで、宙に絵を描いている一人の少年……。

訳注

* 1 Rua das Laranjeiras　リオ・デ・ジャネイロ市南部にある通り。
* 2 Pão de Açúcar　伝統的な丸い菓子パンに似た丸みを帯びた形状で、リオの半島に突き出している奇岩山。その菓子パンの現地名、もしくはその英訳名のシュガーローフ・マウンテンとよばれている。
* 3 Lucio Costa　フランス生まれのブラジルの建築家（1902-98）。ブラジルの首都ブラジリアの都市設計を作ったことで知られる。
* 4 国際様式建築。1920年代から50年代にかけて流行し、合理主義と機能主義を掲げて世界共通の建築様式を目指した。ミース・ファン・デル・ローエが代表的な建築家。
* 5 ホブズボームは、「長き19世紀」（フランス革命勃発の1789年から第一次世界大戦が始まる1914年まで）と比して、第一次世界大戦勃発からソ連崩壊（91年）までを「短き20世紀」とした。ニーマイヤーは2012年まで生きたので、もしホブズボームがニーマイヤーの人生を参考にしていたのなら、20世紀は1991年で終わったとは書かなかっただろう、という意味。
* 6 Ernesto Rogers　イタリアの建築家（1909-69）。レンゾ・ピアノ Renzo Piano とともにポンピドゥーセンター Pompidou Center を設計したリチャード・ロジャース Richard Rogers のいとこ。建築雑誌の編集者やジャーナリストとしても活躍した。
* 7 Max Bill　スイスの建築家、デザイナー（1908-94）。バウハウスに学び、その理念である「機能主義的造形」を、建築でもプロダクトデザインでも実践した。
* 8 大江宏　日本の建築家（1913-89）。法政大学名誉教授。日本の伝統的な建築とモダニズムを融合させたデザインで知られる。
* 9 Palazzo Mondadori　ニーマイヤーによって設計された（1975年完成）イタリア有数の老舗出版社モンダドーリの本社ビル。本書の原著はモンダドーリから出版された。
* 10 Avenida Atlântica　コパカバーナの海岸沿いにある大通り。南の端近くにイピランガ・ビルがある。
* 11 Catedral Metropolitana Nossa Senhora Aparecida　ブラジリアにあるメトロポリタン大聖堂（1970年完成）。弧を描く16本の支柱が特徴的。
* 12 Paulo Mendes da Rocha　ブラジルを代表する建築家。2006年にプリツカー賞を、2016年に高松宮殿下記念世界文化賞を受賞。どちらもニーマイヤーに次ぐブラジル2人目の受賞者。

* 13 Parco Ibirapuera　サンパウロ市南部の公園。公園の中には、サンパウロ・ビエンナーレが開かれる会場パヴィリオン・ダ・ビエンナールがある。
* 14 大竹富江 Tomie Ohtake　日本生まれのブラジルの現代美術家（1913-2015）。1936年にブラジルに渡り、50年代から作品制作を開始。68年にブラジルに帰化。
* 15 Frank O. Gehry　カナダの建築家（1929- ）。脱構築主義建築の旗手として知られる。彼が設計したビルバオ・グッゲンハイム美術館は、スペイン北部のバスク地方にある。
* 16 Cafezinho　小さめの容れ物で飲む、濃いめの甘いコーヒー。
* 17 Cachaça　サトウキビを原料にしたブラジルの蒸溜酒。
* 18 São Jorge　聖ゲオルギオス。キリスト教の聖人の一人で、ドラゴン退治の伝説で知られる。その姿が酒瓶のラベルに意匠として印刷されていたものと思われる。
* 19 Forte di Copacabana　コパカバーナのビーチ南端にある要塞。

The United Nations Headquarters, New York, USA. photographer : kross13 / Shutterstock.com

編集ノート

　オスカー・ニーマイヤーの名を世界に知らしめた最初のプロジェクトは、ルシオ・コスタとともに設計に取り組んだ、1939年のニューヨーク万博のブラジル館である。

　1947年には、国連総本部 The United Nations Headquarters の計画コンペの建築国際コミッショナーによって、ル・コルビュジエとチームを組んで提案に取り組むよう依頼を受け、ニューヨークへ戻る。このコンペで1等となったのは、ニーマイヤーの提案であった。

　祖国ブラジルにおいては、1940年、当時33歳のニーマイヤーは、ベロ・オリゾンテ市長、ジュセリーノ・クビチェック・デ・オリヴェイラ Juscelino Kubitschek de Oliveira に出会い、パンプーリャ湖畔開発計画の建築プロジェクトに参加している。そののち、1956年、ジュセリーノ・クビチェックは、ブラジル連邦共和国の大統領となり、リオで車を乗り継ぐ短い時間の間に、新首都ブラジリアの構想を、ニーマイヤーに打ち明ける。そこから建設計画が始まり、1960年に、ルシオ・コスタの都市計画監修のもと、ニーマイヤーの設計で、大統領府や国会議事堂、最高裁判所など主要建築物が建設され、新首都ブラジリアが誕生した。

　1964年のクーデターで、グラール João Goulart 政権が崩壊し軍が権力を掌握すると、多くの知識人、芸術家、政治家、彼の多くの友人たちとともに、ニーマイヤーの名も軍のブラックリストに載る。そのリストの中には、詩人のフェレイラ・グラール Ferreira Gullar、作曲家のシコ・ブアルキ、経済学者のチェルソ・モンテイロ・フルタード

Celso Monteiro Furtado もいた。このため、60年代以降、ニーマイヤーは多くの時間をブラジルの外で暮らすことを余儀なくされる。1965年に、フランス共産党本部を設計。1968年には、アルジェリアにわたり、同年、ミラノ郊外のセグラーテ Segrate で、モンダドーリ出版の社長ジョルジオ・モンダドーリ Giorgio Mondadori の依頼で設計した、モンダドーリ本社新社屋の基礎工事に取りかかった。1972年には、革新的なプロジェクト、フランスのル・アーヴル文化センターを設計した。

またそれ以前にも、1954年にはベネズエラ Benezuela で、1962年にはレバノン Lebanon、そしてその後、イギリス、東ヨーロッパ、新アフリカ New Africa や中東 Middle East でも、プロジェクトを手がけてきた。

ニーマイヤーの長い成熟期は終わることがなかった。1991年、84歳のニーマイヤーは、海を挟んで、彼の本拠地リオ・デ・ジャネイロの正面に見える、ニトロイの現代美術館MACを設計している。リオの街の前に、ふわりと降り立った不思議な空飛ぶ円盤のような前代未聞の建築。それは、彼の生涯を通しての傑作の一つである。2003年には、60年以上も前に、彼の処女作、パンプーリャの教会が建てられた土地、ベロ・オリゾンテに建つ、新しい州庁舎の設計に取りかかっている。この州庁舎が竣工した2010年には、EUを巻き込んでの苦く長い政治論争を巻き起こした、イタリア、ラヴェロ Ravello の音楽堂が竣工。スペイン北部のアヴィレス Avilés のオスカー・ニーマイヤー国際文化センター Centro Cultural Internacional Oscar Niemeyer も、同様の苦難を乗り越えながら2011年に完成させている。

この本は、2012年の1月から2月にかけて、リオ・デ・ジャネイロで幾度かに分けて行った、オスカー・ニーマイヤーへのインタビューの成果である。

　彼の足跡を追うにあたっては、1955年から78年にかけての「モーデュロ」誌のバックナンバーの中の彼の文章や、芸術史家リオネッロ・ピッピ Lionello Puppi（1931-）の論文「ニーマイヤー案内 *Guida a Niemeyer*（モンダドーリ出版 Arnoldo Mondadori Editore 1987）」を参考にした。

　ニーマイヤーへのインタビューの実現は、ヴェラ・ルチア・ニーマイヤーの献身的なサポートの賜物でもある。彼女の協力に心から感謝するとともに、ホセ・カルロス・スセキンド、ハイル・ヴァレラ、ルイ・オオタケ、パウロ・メンデス・ダ・ローシャ、アナ・エリザ・ニーマイヤーにも、この場を借りて、心よりお礼を申し上げます。また、このかけがえのない本をともに構想してくれたのは、編集者ガブリエラ・ウンガレッリ Gabriella Ungarelli である。彼女の多大なる尽力なしには、この本は世に出ることはなかった。心よりお礼を申し上げます。最後に、この旅と仕事のパートナーとして私を支え続けてくれた、私の妻サミラ・メネゼス Samira Menezes にも、心から感謝の意をおくります。

アルベルト・リヴァ

訳者あとがき

　オスカー・ニーマイヤーを104の歳まで生涯現役たらしめていたのは、比類なき創造物を世に残した無双の才能だけではない。妥協せず、言い訳もせず、開き直ることもせず、ひ孫玄孫(やしゃご)の世代が今日直面している問題を的確に共有し、齢百を超えて自ら最前線で戦い続ける、その生きる姿勢にあったのだろう。空想や美は、余裕があるときの楽しみごとではない。先が見えない絶望の中で道を切り開こうとするときにあってこそ力を発揮する、人間の永遠の喜びに支えられた強力な技だ。想像力と創造力。自らの中のこの二つの力を社会に向けて最大限に開放したとき、初めて未来はつくられる。

　1957年のIBA国際建築博覧会のときに建てられたニーマイヤー設計の集合住宅に暮らして10年。時を経てなお力強く新しいその住宅の体内で、矢も楯もたまらず、とり憑かれたようにこの本を翻訳した。ドイツ語版の美しい本をそっと手元に届けてくださった平凡社の下中美都社長、イタリア語の原書から日本語の翻訳版を出すことを快諾してくださったアルベルト・リヴァさん、モンダドーリ出版のカナリ・エマヌエラさん、そして、現代社会が直面する問題の最前線に立たされている世代の一人として手を挙げ、伴走をしてくださった若手編集者の岸本洋和さんとの幸運な出会いと共創を得て、ニーマイヤーの遺言は日本の本になる。本づくりの舞台裏で真摯に尽力くださったすべての方を代表し——「こうありたい」と思える大人を心底渇望している、日本のすべての若者に、この本を捧げます。

　　　　　　　　　2017年4月　ベルリン・ニーマイヤーハウスにて　　　阿部雅世

画像一覧

p. 6	Zoran Milich / Alamy Stock Photo
p. 10	Thiago Leite / Shutterstock.com
p. 14	Ullstein bild / Aflo
p. 22	Alf Ribeiro / Shutterstock.com
p. 24	SIME / Aflo
p. 31	Rosalba Matta Machado / Shutterstock.com
p. 32	Ullstein bild / Aflo
p. 38	David Pereiras / Shutterstock.com
p. 42	Ronaldo Almeida / Shutterstock.com
p. 43	Ronaldo Almeida / Shutterstock.com
p. 44	http://wiki.ead.pucv.cl/index.php/Oscar_Niemeyer
p. 50	Aflo
p. 54	https://pt.wikipedia.org/wiki/Largo_do_Botic%C3%A1rio#/media/File:LargoBoticario1.JPG
p. 61	Masayo Ave
p. 62	Aflo
p. 69	Ronaldo Almeida / Shutterstock.com
p. 71	T photography / Shutterstock.com
p. 83	REGLAIN FREDERIC / GAMMA / Aflo
p. 86	kross13 / Shutterstock.com

[著者]
オスカー・ニーマイヤー（Oscar Niemeyer, 1907-2012）
ブラジル生まれの建築家。1943年に師ルシオ・コスタと共にブラジル旧教育保健省、1952年にル・コルビュジエと共にニューヨーク国連本部ビルを設計。1950年代後半にはブラジルの新首都ブラジリアの主要建築物の設計を手がける。104の歳まで生涯にわたり旺盛な創作活動を続け、フランス共産党本部ビル（1965）、モンダドーリ本社（1970）、ラテンアメリカ記念公園市民広場（1988）、ニテロイ現代美術館（1996）、オスカー・ニーマイヤー文化センター（2011）など世界に数多くの傑作建築を遺した。ブラジリアの建築群は1987年に、パンプーリャ近代建築群は2016年に世界文化遺産に登録されており、1984年からはリオのスラム街の子どもの教育センターICEPの設計にも従事、200校以上が建設されている。1963年にレーニン国際平和賞、1970年にアメリカ建築家協会金賞、1988年にプリツカー賞、ベネチア国際建築ビエンナーレでは、1963年、1996年と2度の金獅子賞を受賞。日本では、2004年に高松宮殿下記念世界文化賞を受賞している。

[編者]
アルベルト・リヴァ（Alberto Riva）
作家、編集者。1970年イタリア・ミラノ生まれ。日刊紙 *L'Unità* や月刊誌 *Jazz* で音楽評論家として活躍後、2004年にジャズ・トランペッター Enrico Rava の伝記 *Note Necessarie* を上梓。2011年には初の小説 *Sete* を刊行した。2005〜09年、イタリアの通信社AGI / TMニュースの特派員として、ブラジルと南米に滞在。音楽関係をはじめ著書多数。

[訳者]
阿部雅世（あべ・まさよ Masayo Ave）
1962年東京生まれ。法政大学工学部建築学科卒業。イタリア・ドムス・アカデミー工業デザイン科マスター修了。ICFF2000 Editor's Award, A&W Mentor Award 2006 ほか、建築、工業デザイン、素材研究などの幅広い分野で国際デザイン賞を受賞。ベルリン芸術大学、エストニア芸術大学教授を歴任後、2016年よりBAUベルリン国際応用科学大学教授に就任。著書に原研哉との対談集『なぜデザインなのか。』（平凡社、2007年）、訳書に、ブルーノ・ムナーリの著作『ムナーリのことば』（平凡社、2009年）『正方形』『円形』『三角形』（平凡社、2010年）がある。ベルリン在住。

ニーマイヤー 104歳の最終講義
空想・建築・格差社会

発行日―――2017年5月24日　初版第1刷

著者―――――オスカー・ニーマイヤー
編者―――――アルベルト・リヴァ
訳者・装幀――阿部雅世
発行者―――――下中美都
発行所―――――株式会社平凡社
　　　　　　〒101-0051　東京都千代田区神田神保町3-29
　　　　　　電話　(03) 3230-6580 [編集]　(03) 3230-6573 [営業]
　　　　　　振替　00180-0-29639
印刷・製本――シナノ書籍印刷株式会社

ISBN 978-4-582-54458-9
NDC分類番号361.8　四六判（19.4cm）　総ページ96
平凡社ホームページ　http://www.heibonsha.co.jp/

落丁・乱丁本のお取り替えは小社読者サービス係まで直接お送りください
（送料は小社で負担いたします）。

好評発売中

平凡社 ブルーノ・ムナーリ／阿部雅世訳の本

ムナーリのことば

ブルーノ・ムナーリ=著　阿部雅世=訳
定価：**本体1500円＋税　四六判**

ムナーリが85歳のときに、膨大な自著の中から、後世に残したいことばを選んで編集した短文集。芸術とデザインの心を子どもに伝える珠玉のことばが詰まった1冊。

●まる・さんかく・しかく■
デザインの目を養う、ムナーリの「かたちの不思議」シリーズ

ブルーノ・ムナーリ=著　阿部雅世=訳
各定価：**本体1700円＋税　B5変型判**

正方形　ブルーノ・ムナーリ　かたちの不思議1

ムナーリが古今東西のおもしろい〇△□をコレクションしたシリーズ。古代建築から現代美術、子どもの遊びから魔方陣、微生物から渦巻星雲まで、正方形の魅力と魔力を明かす。デザインを勉強する人必携の書。

円　形　ブルーノ・ムナーリ　かたちの不思議2

造形美の礎である正方形に対して、円は永遠の形、神様の形とムナーリは言う。古代文字、年輪、サイクロイド曲線、魔法円、陰陽、永久運動機械など。円の神秘に魅せられる本。

三角形　ブルーノ・ムナーリ　かたちの不思議3

三角形は、デザインを生み出す想像力の源泉となる形。鉱石や植物の組織、家紋、建築のモジュール、バックミンスター・フラードームなど、創造力を覚醒させる三角形コレクション。